NOTE

POUR SERVIR A

L'HISTOIRE DES LUXATIONS ET DES FRACTURES DU STERNUM

Par Ch. FÉRÉ

L'histoire des fractures et des luxations du sternum présente, au point de vue de l'étiologie, des symptômes et des complications, un grand nombre de caractères communs : dans certains cas même, on peut reconnaître que les deux lésions anatomiques coexistent, aussi avons-nous cru qu'il nous était permis de les réunir dans une courte étude que nous avons tentée à propos de deux malades qui se sont présentés récemment à notre observation. Nous avons laissé de côté les lésions de l'apophyse xyphoïde ordinairement produites par des causes directes et extrêmement rares.

I. — La production des fractures peut être favorisée par certaines causes prédisposantes, telles que des lésions inflammatoires ou néoplasiques. Le sternum est quelquefois atteint de cancer (1), mais il peut arriver, comme dans le cas que nous avons présenté à la Société anatomique, que l'altération ait précisément pour effet de rendre la fracture impossible en donnant à l'os la consistance du caoutchouc.

(1) Genouville, *Bull. Soc. anat.*, 1853, p. 138. — Legroux, *Ibid.*, 1862, p. 16. — Béhier, *Ibid.*, 1868, p. 117. — Lorey, *Ibid.*, 1874, p. 625. — Féré, *Ibid.*, 1875, p. 682.

Aussi, bien que dans le cas de Comte (1), quelques personnes aient cru voir une fracture secondaire, nous croyons que cet ordre de causes est surtout théorique. Dans un cas d'abcès sous-périostique du sternum, présenté par Gérard Marchant (2), il y avait une disjonction des deux pièces du sternum; il s'agit plutôt là d'une luxation secondaire que d'une fracture; mais il faut reconnaître que les lésions pathologiques de l'articulation sternale n'ont guère eu plus d'influence sur la production des luxations traumatiques, que les lésions osseuses n'en ont eu sur la production des fractures.

Les fractures et les luxations sont plus fréquentes dans l'âge adulte et chez l'homme. On ne peut guère dire si la luxation se produit de préférence chez les sujets les plus jeunes; cependant, cela paraît vraisemblable; le sujet le plus jeune chez lequel nous ayons trouvé une lésion traumatique de cet os, était un enfant de treize ans; il avait une luxation (3).

Les causes déterminantes sont directes ou indirectes, et on peut admettre qu'elles sont communes aux deux formes de la solution de continuité.

Les causes directes sont des chutes sur des corps plus ou moins saillants, des coups violents portés par un timon de voiture par exemple, des écrasements du thorax par une roue ou par une masse pesante, de quelque nature que ce soit.

Les causes indirectes sont les plus intéressantes à étudier, elles sont très diverses. On a pu voir des solutions de continuité du sternum à la suite de chutes sur le dos : tel est le cas d'Aurran (de Rouen), qui observa un écartement des deux premières pièces chez un maçon qui était tombé le dos sur un mur, la tête et les bras d'un côté, les jambes de l'autre, et s'était fait en même temps une fracture des deux dernières apophyses épineuses dorsales. David (Basille)

(1) *Bull. Soc. anat.*, 1826, p. 138.

(2) *Ibid.*, 1875, p. 325.

(3) Ancelet. — *Des luxations de l'articulation sternale supérieure* (*Gaz. des hôpitaux*, 18:3, p. 257).

a vu dans le même hôpital un cas tellement semblable qu'on peut penser, avec Malgaigne, qu'il s'agit du même sujet. Nous avons observé récemment un cas très analogue au précédent ; il n'en diffère que parce qu'il y a eu non pas luxation, mais fracture de la deuxième pièce. Cet exemple nous paraît aussi propre à établir l'existence de la fracture par redressement du tronc.

OBSERVATION I. — Piv...., Charles, maçon, âgé de 35 ans, est entré le 10 novembre 1879 dans le service de M. BROCA, à l'hôpital Necker (n° 52, salle Saint-Pierre).

Il était tombé le matin de quatre mètres de haut, le dos sur une poutre assez élevée pour que la tête fortement renversée en arrière n'ait pas touché le sol. Le lendemain matin, on le trouve assis sur son lit, la tête fortement inclinée en avant ; il se plaint de douleur dans le dos, dans le cou et dans la poitrine, surtout quand il respire ou quand il cherche à se redresser.

La douleur du dos est facilement localisée, c'est l'apophyse épineuse de la douzième dorsale qui est sensible, elle est en même temps un peu tuméfiée ; c'est sur ce point qu'a porté le choc direct. Toute la région de la nuque est douloureuse sans localisation précise ; les mouvements d'inclinaison latérale et de rotation sont possibles, mais le malade ne peut pas relever le menton qui est porté en avant en même temps que fléchi. A la partie postérieure du cou, on distingue à peine la saillie de la proéminente et la région forme une sorte de méplat ; aussi, bien qu'il n'y ait aucun trouble sensitif ni moteur (le malade se tient bien sur ses jambes), on se demande s'il n'y a point quelque lésion de la colonne cervicale qui donnera l'explication de la déviation et des douleurs ; le malade est maintenu au repos absolu.

Le 12, la douleur du cou a considérablement diminué, c'est à peine s'il s'en plaint ; mais la douleur thoracique est restée la même et devient plus distincte, elle est exaspérée par les mouvements respiratoires, par les moindres efforts surtout s'ils tendent à redresser la tête: le malade désigne lui-même le point où il souffre le plus. Il n'existe aucune déformation, mais lorsqu'on presse avec le doigt sur le sternum, au niveau du bord inférieur des troisièmes cartilages, sur une ligne transversale qui irait d'un espace intercostal à l'autre, on provoque une douleur extrêmement vive, que l'on reproduit encore au même point en appuyant fortement à quelque distance au-dessus ou au-dessous ; on ne perçoit pas de crépitation, même avec le stéthoscope, mais personne ne doute plus qu'il y ait une fracture transversale du sternum ; quelques personnes ont même cru sentir une sorte de sillon transversal, mais c'est là un point douteux. Il n'existe aucun autre point douloureux sur le thorax. Un bandage de diachylon fortement serré soulage immédiatement la douleur.

La gêne de la respiration décrut peu à peu, mais la douleur locale persistait encore lorsque le malade quitta l'hôpital le 30 novembre, vingt jours après son entrée; les mouvements d'extension de la tête étaient encore douloureux et on sentait au niveau de la fracture une tuméfaction diffuse.

Il est bien évident que, dans ce cas, la lésion du sternum a été produite par le renversement du corps en arrière; mais il resterait encore à déterminer si la solution de continuité se fait par traction longitudinale, ou plus probablement par exagération de courbure de l'os inégalement soutenu par les arcs costaux.

Il est une autre catégorie de faits que l'on peut rapprocher des précédents, ce sont ceux où la rupture a été produite par action musculaire, tels sont les deux cas de Chaussier, le cas de Comte où la lésion s'est produite pendant les efforts de l'accouchement, le cas de Faget, cité par Malgaigne, d'un saltimbanque qui, après s'être fortement renversé en arrière, voulait se relever en soulevant avec les dents un poids considérable, le cas de Lafont (1) observé sur un individu qui se contracta fortement pour éviter une chute en arrière. Malgaigne avait fait remarquer que, sur les trois cas de ce genre qu'il connaissait, il y avait une fracture siègeant sur la première pièce ; M. Dubroca (2), après avoir édifié sur le mécanisme de ces lésions une théorie un peu confuse, déclare qu'il doit forcément en être ainsi dans tous les cas de fracture par renversement du tronc. Nous lui opposons le fait précédent dans lequel la fracture siège au-dessous de la troisième côte.

On ne peut guère expliquer le fait unique de fracture par contraction brusque du diaphragme dans un effort de vomissement.

L'écrasement latéral du thorax peut produire des lésions

(1) *Bull. Soc. anat.*, 1867, p. 327.
(2) *Essai sur les fractures du sternum*, 1879, p. 34.

très diverses du sternum. Duverney rapporte le fait d'un maçon surpris par une pierre qui lui tomba sur le côté, les côtes projetèrent la deuxième pièce du sternum en avant avec une telle force qu'elle fit plaie aux téguments (1); dans un cas analogue, observé par Barrau, il y eut une fracture longitudinale.

Mais les fractures ou luxations indirectes du sternum sont plus souvent produites par des violences agissant sur les extrémités de la colonne vertébrale.

Les chutes ou les chocs sur la tête ont quelquefois produit des solutions de continuité du sternum, nous en rapporterons plus loin un nouvel exemple; les violences exercées sur les épaules peuvent peut-être avoir le même résultat. Mais elles sont plus souvent encore déterminées par des chutes sur les extrémités inférieures (dans un cas de Chevance, les pieds seuls avaient touché le sol), et surtout sur le siège, aussi trouve-t-on dans plusieurs observations la coïncidence d'une fracture du bassin avec une lésion du sternum. Cruveilhier (2) a pu croire que, dans ces cas de chute sur le siège, la contraction musculaire jouait le principal rôle dans la production de la fracture du sternum; mais la chute suffit, puisque nous l'avons vue produire la rupture du sternum sur le cadavre (3).

La fracture du sternum peut encore être produite par la pression, en sens inverse, des deux extrémités de l'axe vertical du tronc ; aussi M. D. Mollière rapporte l'observation d'un individu qui montait à une échelle, les épaules chargées d'un fardeau pesant, l'échelle se rompit et l'homme tomba lourdement par terre.

Comment peut on expliquer la production des solutions de continuité du sternum produites par des violences agissant sur les extrémités du tronc ? On a songé à faire jouer un rôle à la pression du menton qui viendrait enfoncer la pièce supérieure du sternum ; cette explication ne pourrait

(1) Malgaigne. — *Tr. prat. des fractures et luxations*, t. II, p. 406.

(2) *Bull. Soc. anat.*, 1826, p. 128.

(3) Féré. — *Fractures expérimentales du bassin par chute sur le siège. Bull. Soc. anat.*, 1877, p. 437.

être, à la rigueur, admise que dans les cas de chute sur la tête, mais on ne trouve guère, dans les observations, de trace de contusion du menton, trace qui ne devrait pas manquer dans cette circonstance.

M. Maisonneuve (1) fait jouer un rôle considérable à la clavicule, que le choc ait eu lieu sur une extrémité ou sur l'autre. Dans la chute sur l'extrémité supérieure, il semble admettre qu'il faut nécessairement que l'épaule porte, c'est la clavicule qui transmettrait le choc au sternum ; dans la chute sur l'extrémité inférieure, la clavicule transmettrait le poids de l'épaule. Ce mécanisme est difficilement acceptable, car dans la chute sur l'extrémité inférieure comme dans le cas de violence agissant verticalement sur l'extrémité externe de la clavicule, cette dernière est attirée dans la direction de l'abaissement forcé du moignon de l'épaule et ne transmet aucun choc au sternum ; quand la violence agit de dehors en dedans, la clavicule a de grandes chances de se fracturer plutôt que de rompre le sternum ; dans le cas de M. Maisonneuve, il y avait une fracture de la clavicule qui nous paraît n'être qu'une simple coïncidence.

Malgaigne admet, sans l'expliquer, l'influence de la flexion forcée du tronc. C'est ce dernier mécanisme qui est le plus vraisemblable ; pendant le mouvement de flexion de la colonne vertébrale, les côtes supérieures et inférieures qui offrent une direction convergente à leur insertion sur le sternum agissent en sens inverse. En haut, la première côte est à peu près la seule qui, par sa direction et sa résistance, soit capable de transmettre efficacement la pression ; pendant la flexion du tronc, elle tend à immobiliser l'extrémité supérieure du sternum, ou même à la porter en bas et en arrière, tandis que les autres côtes sternales et principalement les cinq dernières tendent à porter la seconde pièce en avant et en haut. Cette action antagoniste des côtes rend compte du siège des ruptures du sternum par flexion forcée du tronc, qui occupent le

---

(1) *Rech. sur les luxations du sternum.* Clinique chirurg., 1863, t. I, p. 475 et suiv.

plus souvent l'articulation sternale supérieure ou la partie supérieure de la seconde pièce, et elle donne en même temps la clef de la direction du déplacement qui, dans ces sortes de cas, est toujours la même, qu'il y ait luxation ou fracture : le fragment inférieur tend à se porter en avant et en haut.

M. Maisonneuve a montré qu'une fracture de la colonne vertébrale, au milieu de la région dorsale, favorise le déplacement des pièces du sternum ; mais, dans les chutes sur l'extrémité supérieure, les fractures se produisent de préférence sur la région cervicale, et dans les chutes sur l'extrémité inférieure, la lésion siège plutôt à la limite de la région dorsale et de la région lombaire, comme le montrent les travaux de Chedevergne (1), de D. Mollière (2), de Bellemère (3).

Un individu observé par M. Frémy (4), frappé d'un coup de timon au tiers inférieur du sternum, présenta à ce niveau une enfonçure de l'os et, en outre, une luxation de la première articulation sternale ; on peut considérer cette dernière comme une luxation indirecte consécutive à une fracture directe.

II. — Au point de vue anatomique, les deux lésions doivent être distinguées.

1° Les luxations du sternum sont encore beaucoup plus rares que les fractures. On a été jusqu'à nier que le corps du sternum puisse se déplacer en arrière ; cependant, on comprend qu'une violence, agissant directement d'avant en arrière, puisse produire cette sorte de luxation, et le cas rapporté par M. Siredey (5) en est une preuve, la luxation était complète et le corps était même « légèrement engagé sous la partie supérieure ».

(1) *Des fractures indirectes de la colonne dorso-lombaire*, 1869.

(2) *Rech. expér. et cliniques sur les fractures indirectes de la colonne vertébrale*. Lyon, 1872.

(3) *Consid. sur les fract. indir. de la colonne vertébrale*. Th., Paris, 1877.

(4) *Bull. Soc. anat.*, 1859, p. 56.

(5) *Bull. Soc. anat.*, 1857, p. 305.

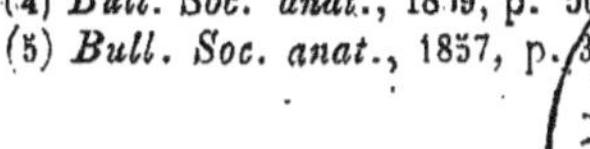

Dans tous les cas de luxation par cause indirecte, le déplacement est uniforme (1), le corps de l'os se porte en haut et en avant ; même dans les cas de luxation incomplète, ce déplacement est nettement indiqué. La luxation complète peut être accompagnée d'un chevauchement du corps sur la poignée qui dépasse quelquefois un centimètre. D'après M. Maisonneuve, les cartilages des deuxièmes côtes resteraient toujours articulés avec le manubrium ; mais il y a des exceptions à cette règle, on a vu une des côtes rester attachée au corps, tandis que l'autre était complètement libre. Dans le cas que nous rapportons plus loin, les deux cartilages restent attachés au corps. Presque toujours le surtout ligamenteux antérieur est rompu, tandis que le postérieur n'est que décollé sur la partie supérieure de la deuxième pièce, dans une étendue qui varie en proportion du déplacement ; cependant, il peut n'en être pas ainsi : dans notre observation, c'est précisément le contraire qui se présente, le ligament anterieur est décollé sur la première pièce, dans l'étendue de plus d'un centimètre, tandis que le postérieur est déchiré transversalement ; dans ce cas, la rupture du ligament postérieur coïncide avec un épanchement de sang dans le médiastin. Il est possible que la rupture de l'un ou de l'autre ligament soit en rapport avec la direction de la violence.

Observation II. — Th. Paul, âgé de 21 ans, est apporté, le 3 novembre 1879, à l'hôpital Necker, dans le service de M. Broca, suppléé par M. Ch. Monod.

En s'exerçant la veille dans un gymnase, il était tombé d'un trapèze la tête la première, le tronc s'était fléchi, puis les genoux étaient venus frapper le sol ; ces renseignements ont été fournis par les camarades qui assistaient à l'accident. Il était resté sans connaissance après la chute pendant quelques minutes.

La tête est fortement fléchie en avant, la face est pâle, les yeux également ouverts et les pupilles normalement dilatées, aucune déviation des traits, la respiration est précipitée mais régulière, le pouls normal. Le malade ne souffre que

---

(1) L.-H. Brinton. — *On luxation of the body of the sternum, with remarks on the anatomical structure of the superior sternal articulation* (*American journ. of med. sc.*, 1867, t. LIV, p. 39).

peu quand il reste immobile, il ne se plaint que de douleurs dans la tête et le cou et d'une sensation de gêne de la respiration qui, par moment, devient haletante ; il est du reste très abattu et répond avec peine aux questions. La paralysie des quatre membres est absolue, flaccidité complète ; insensibilité totale sous toutes les formes dans les membres. L'anesthésie remonte sur la partie antérieure du thorax jusqu'à un ou deux centimètres au-dessous de la clavicule, en l'explorant, nous n'avons remarqué aucune déformation de la paroi thoracique. Demi-érection, rétention d'urine. A la partie postérieure du cou, on ne sent aucune déformation, mais on provoque par la pression une douleur très intense qui semble prédominer au niveau de l'apophyse épineuse de la cinquième vertèbre cervicale. On voulut l'immobiliser horizontalement dans une gouttière de Bonnet, mais lorsqu'on étendit la tête, la gêne de la respiration devint beaucoup plus grande et on fut obligé de lui placer un coussin sous la nuque pour éviter la suffocation. Cependant la dyspnée alla en augmentant, il eut dans la journée plusieurs accès de suffocation et il mourut dans la soirée.

Autopsie. — Sur le vertex, ecchymose des téguments du crâne ; on voit à travers l'aponévrose épicrânienne renversée une plaque violette large comme la paume de la main. Le crâne ne présente aucune lésion, il en est de même de l'encéphale. En faisant l'incision médiane des téguments du thorax, il se produit une dépression brusque au moment où le couteau arrive vers l'union de la première et de la seconde pièce du sternum. Le plastron est enlevé avec précaution, et on trouve au-dessous une infiltration sanguine du tissu cellulaire du médiastin d'une étendue de 7 ou 8 centimètres.

Le sternum est rompu au niveau de sa première articulation ; le surtout ligamenteux postérieur est déchiré transversalement au niveau de l'interligne articulaire, sa déchirure présente des lambeaux dentelés et irréguliers. Le ligament antérieur est intact, et quand on mobilise les fragments dans le seul sens où ils puissent se déplacer, c'est-à-dire de telle sorte que le bord de la face antérieure du manubrium vienne se mettre en rapport avec le bord de la face postérieure de la seconde pièce, on constate que ce ligament s'est décollé de la pièce supérieure dans une étendue d'un centimètre à peu près et qui correspond à l'étendue du déplacement possible.

Le fibro-cartilage inter-articulaire est resté attaché à la première pièce. Les cartilages des deuxièmes côtes sont solidement fixés à la seconde pièce ; sur le bord de la face postérieure du corps on trouve quelques petites parcelles osseuses détachées.

Il n'y a pas de fracture de côtes, aucune lésion viscérale, sauf une congestion intense des deux poumons.

Du côté de la colonne cervicale, on trouve une luxation de la quatrième sur la cinquième vertèbre cervicale avec arrachement du tubercule postérieur de l'apophyse transverse gauche de la cinquième; le plus grand déplacement possible en avant est de 4 millimètres; il n'y avait aucun épanchement dans la canal médullaire (1).

Dans la plupart des observations, on ne donne aucun détail sur le fibro-cartilage inter-articulaire qui semble pouvoir rester attaché tantôt à une pièce, tantôt à l'autre; du reste, la constitution de cette articulation, difficile à classer, explique de nombreuses variétés. Dans quelques cas des portions d'os se sont détachées ou restent unies au fibro-cartilage, ce qui justifie le titre de fracture du sternum au niveau de la soudure donné à quelques observations.

2° Les fractures du sternum peuvent se présenter sous des formes très diverses. Il existe un cas de fracture longitudinale portant sur toute la longueur de l'os et avec déplacement suivant l'épaisseur. Quelquefois, la fracture est oblique, allant par exemple d'un espace intercostal à l'espace inférieur de l'autre côté.

Il peut arriver que le fragment supérieur présente la forme d'un V dont la pointe pénètre dans le fragment inférieur et détermine un décollement des deux lames de l'os; un cas de ce genre, rapporté par Chassaignac (2), manque malheureusement de détails au point de vue du mode de production. Le plus souvent les fractures du sternum sont transversales. Elles sont quelquefois multiples, rarement esquilleuses, rarement aussi elles sont incomplètes comme dans le cas de M. Petit (3). Dans les cas de fracture directe, le siège de la lésion varie avec le point d'application du choc; pour les fractures indirectes, le siège est mieux déterminé, ainsi celles qui sont produites par flexion du tronc

(1) La pièce a été présentée à la Société anatomique le 17 novembre.
(2) *Bull. Soc. chir.*, 1861, p. 236.
(3) *Bull. Soc. anat.*, 1875, p. 62.

sont ordinairement à la partie supérieure de la deuxième pièce, celles qui se font par extension ou par effort musculaire siègent de préférence sur la première pièce ; mais il y a des exceptions, nous en avons rapporté un exemple. Le déplacement varie aussi suivant le mode de production, rarement il est nul ; dans les fractures par extension on a pu observer un écartement suffisant pour permettre de sentir les battements de l'aorte ; dans les fractures par flexion forcée où le fragment inférieur est souvent taillé en biseau aux dépens de sa face postérieure, le déplacement se fait dans le même sens que dans la luxation de même origine, le fragment inférieur passe en avant du supérieur et chevauche plus ou moins sur lui. Dans les fractures directes, le déplacement est déterminé par la direction du traumatisme et il peut se faire en sens inverse du précédent.

Les complications dues au déplacement se rencontrent plutôt dans les fractures que dans les luxations, elles sont plus fréquentes dans les fractures directes. Le fragment enfoncé peut aller blesser le poumon et déterminer des crachements de sang, de l'emphysème qui se propage jusque dans le tissu cellulaire sous-cutané ; le cœur a pu être atteint de plaie pénétrante. Par suite de réduction on a pu observer dans la suite de curieux phénomènes de compression : Roques (1) a rapporté un fait dans lequel un des fragments comprimait l'aorte à 3 ou 4 centimètres au-dessus du cœur, et déterminait pendant la vie un bruit de souffle intense.

Dans quelques cas, on a observé des suppurations dans le foyer de la fracture (Comte, Liouville (2), etc.) peut-être à cause de l'absence ou de l'insuffisance de l'immobilisation.

Le traumatisme direct, qui produit la fracture ou la luxation du sternum, peut causer en même temps des fractures des côtes ou des cartilages costaux dont le siège n'a rien de déterminé. Dans les cas de fracture indirecte par

---

(1) *Bull. Soc. anat.*, 1870, p. 300.
(2) *Bull. Soc. anat.*, 1865, p. 588.

chute sur la tête, on peut trouver comme coïncidence des plaies de tête des fractures ou luxations de la colonne cervicale; quand la chute a eu lieu sur l'extrémité inférieure, elle a pu déterminer des fractures du bassin de la colonne vertébrale, ordinairement à la limite des régions dorsales et lombaires. Avec les fractures par flexion, on rencontre quelquefois des fractures de côtes qui portent généralement sur les 6e, 7e, 8e côtes ou leurs cartilages. Enfin, les fractures par extension forcée ou par chute sur le dos peuvent s'accompagner de fractures des apophyses épineuses des dernières vertèbres dorsales.

III. — La plupart des symptômes sont communs à la luxation et à la fracture, les deux lésions ne diffèrent que par quelques particularités. Dans la fracture observée par M. Mollière, le malade sentit un craquement au moment de la chute; mais ce fait est rare. Quelquefois le blessé présente une attitude spéciale, la tête est fléchie et portée en avant, le tronc lui-même est fléchi et le dos forme une voussure plus ou moins prononcée. La flexion et la propulsion de la tête, sur lesquelles les observateurs ont rarement fixé leur attention, sembleraient devoir être en rapport avec le chevauchement des fragments et le raccourcissement de la paroi antérieure du thorax, mais elles peuvent exister même quand il n'y a aucun déplacement, et elles sont alors dues : soit à la douleur qui force le malade à relâcher ses muscles pour éviter, autant que possible, les mouvements d'élévation du thorax, soit à une lésion concomitante de la colonne vertébrale. L'extension de la tête est impossible et les tentatives que fait le malade pour l'obtenir sont extrêmement douloureuses. Il existe, au niveau de la lésion, une vive douleur spontanée et exaspérée par les mouvements respiratoires et par la pression, qui peut faire reconnaître le siège et la direction de la solution de continuité, lorsque la déformation manque.

Le déplacement, en effet, fait défaut dans la plupart des ruptures par extension ou par action musculaire; cependant il peut y avoir un certain écartement, qui, dans le cas de Lafont ,était suffisant pour permettre de sentir les battements de l'aorte. Dans les solutions de continuité produites par flexion du tronc, le déplacement est uniforme, le fragment inférieur fait saillie et remonte même plus ou moins en avant du supérieur qui semble déprimé et incliné de haut en bas et d'avant en arrière. Il résulte de ce déplacement une déformation générale du thorax, les côtes attachées au fragment inférieur forment une saillie anormale tandis que celles qui restent unies au fragment supérieur semblent déprimées.

La déformation en sens inverse se rencontre bien plus rarement ; elle coïncide généralement avec un gonflement plus ou moins prononcé des parties superficielles, des ecchymoses, des traces de la contusion directe qui détermine cette sorte de déplacement ; c'est surtout dans ces cas qu'on a observé des blessures du poumon, des crachements de sang, de l'emphysème sous-cutané. Il est tout à fait exceptionnel que le fragment inférieur s'engage sous le supérieur.

La crépitation est assez rarement sentie ; quelquefois, on peut la provoquer en pressant alternativement sur les deux fragments, ou pendant les mouvements respiratoires et la toux.

IV. — La fracture et la luxation peuvent passer inaperçues pendant la vie et n'être reconnues qu'à l'autopsie ; il en fut ainsi chez notre premier blessé, chez lequel l'erreur était favorisée par deux circonstances particulières : il y avait eu réduction spontanée et le malade était insensible. Chez l'autre, la fracture ne fut reconnue que le troisième jour, il n'y avait pas de déplacement. Malgaigne cite plusieurs faits de ce genre, où l'on s'était trompé à la fois sur l'existence et sur le siège de la lésion. L'erreur est encore plus facile lorsque les lésions sont multiples ; il est rare que dans ces cas on sente un fragment mobile.

La douleur localisée, si elle existe seule, n'est caractéristique que si elle se manifeste dès le début sans trace de contusion directe, et si elle persiste longtemps. Lorsque la déformation existe, il n'y a plus de doute possible sur la présence d'une solution de continuité ; mais, lorsqu'elle siège au voisinage de l'articulation sternale supérieure, il reste un point à élucider : s'agit-il d'une luxation ou d'une fracture ? M. Dubroca pense qu'il n'y a aucun intérêt à faire ce diagnostic ; nous ne partageons point cet avis, car ce n'est que grâce à un diagnostic sûrement établi sur le vivant que l'on pourra, s'il y a lieu, déduire des distinctions au point de vue de la marche des deux affections, qui diffèrent essentiellement dans leur nature, et dont l'observation répétée fera nécessairement découvrir des différences d'évolution.

L'âge ne fournit guère de renseignements utiles, car il est un grand nombre de sujets sur lesquels les deux pièces du sternum ne se soudent jamais ; on a pu voir, tout récemment, à la clinique de M. Richet un malade de 62 ans qui présentait tous les signes d'une luxation (1). M. Maisonneuve considère comme un signe pathognomonique de la luxation l'existence d'une solution de continuité à deux centimètres et demi au-dessus du bord supérieur de la troisième côte ; mais Malgaigne a fait remarquer que la hauteur de l'articulation sternale supérieure, par rapport à ce point, peut varier notablement avec la taille du sujet. Le mode d'insertion de la deuxième côte sur le sternum, présente d'ailleurs quelques variations ; les facettes articulaires des deux pièces du sternum ne sont pas toujours égales en étendue, il peut arriver que l'extrémité de la côte s'articule exclusivement avec la deuxième pièce, et qu'elle ne soit en contact avec la pièce supérieure que par une facette articulaire qui continue la direction du bord supérieur de la côte ; de sorte qu'on ne peut tirer aucune conclusion certaine des rapports de la rupture avec la deuxième côte, qui peut rester fixée soit une pièce, soit à l'autre, quoique plus souvent à la première (Maisonneuve, Richet). Dans la luxation avec déplacement du fragment supérieur en avant et en haut qui existe presque seul, on

(1) *Revue médicale franç. et étrang.*, 1879, p. 683.

sent, sous la peau, un bord mousse épais présentant quelquefois une facette supérieure horizontale plus large et deux petites facettes latérales obliques en bas et en dehors, qui peuvent n'être pas reconnues dans quelques cas particuliers que nous avons signalés ; tandis que, dans la fracture, le fragment est plus mince et plus rugueux.

V. — La réduction d'une fracture peut se faire spontanément dans une quinte de toux comme dans l'observation rapportée par M. Dubroca. Dans le cas de luxation que nous avons observé, la luxation s'était faite aussi spontanément et la lésion ne fut reconnue qu'à l'autopsie ; mais, le plus souvent, la réduction est difficile à obtenir et encore plus difficile à maintenir. Aussi, le pronostic est bénin lorsque la fracture est sans déplacement, puisque la douleur est efficacement combattue par un simple bandage de corps, et que quelquefois les malades ont pu, sans trop de gêne, vaquer à leurs occupations au bout de 18 ou 20 jours ; mais dans les cas où la réduction est impossible malgré l'extension, l'usage des élévateurs, des poinçons, des crochets mousses ou dentés, non-seulement la déformation persiste, mais il reste de la gêne dans la respiration, la toux, etc., sans compter les phénomènes de compression possibles. Quant aux lésions viscérales primitives, elles sont ordinairement suivies de mort.

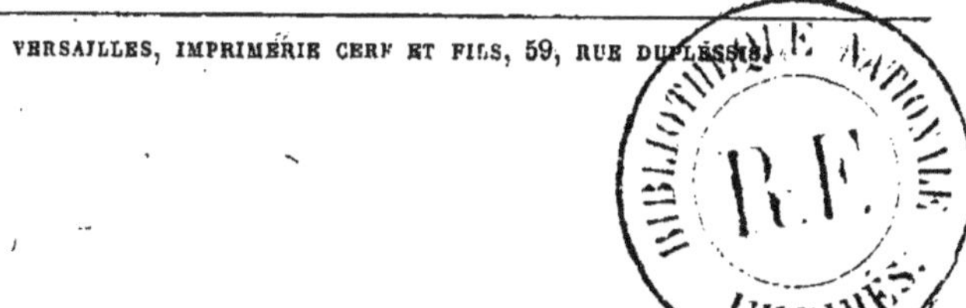
VERSAILLES, IMPRIMERIE CERF ET FILS, 59, RUE DUPLESSIS.

www.ingramcontent.com/pod-product-compliance
Lightning Source LLC
LaVergne TN
LVHW010317230826
846091LV00009B/3694
9782019255268